안녕하세요 ♡ 순덕이 조이현 입니다!
혼례대첩을 사랑해 주신 원앙이 여러분 ♡♡
진심으로 감사드립니다!
'혼례대첩' 오래오래 기억 해주시고
사랑해 주세요 ♡

조이현 ♡

PHOTO ESSAY

PHOTO ESSAY

KBS 혼례대첩 제작팀 지음

오브제

차례

제1부

쌍연술사

雙 緣 術 士

쌍연술사 백서
— 쌍연술사의 모든 것

인류의 만 명 중 한 명은 연분을 알아보는 능력을 가지고 태어나고,
이 특별한 능력을 갖춘 사람들은 어느 시대에나 존재했다.
고대에는 제사장의 위치였으며, 신라시대엔 쌍연술사라 불리며
막강한 권력과 부를 누렸다고 전해진다.

『삼국유사』 별권 술사 편을 보면 고려까지
큰 영향력을 행사했던 쌍연술사는 대부분 여성인 탓에
유교 사회인 조선에 들어서면서 자취를 감추기 시작했다.

이들이 어떻게 연분을 알아보는지는 기록치 않아 알 수는 없지만
쌍연술사 중에서도 높은 도력을 타고난 이는 자신도 모르게
연분을 만들어주고야 만다고 한다.

신라 사람들은 쌍연술사를 사랑의 술사가 아닌 외로운 술사라고 불렀으니,
그들과 혼례를 맺는 연분들은 반드시 단명하기 때문이다.

하여, 쌍연술사 중 청상과부가 많은 이유다.

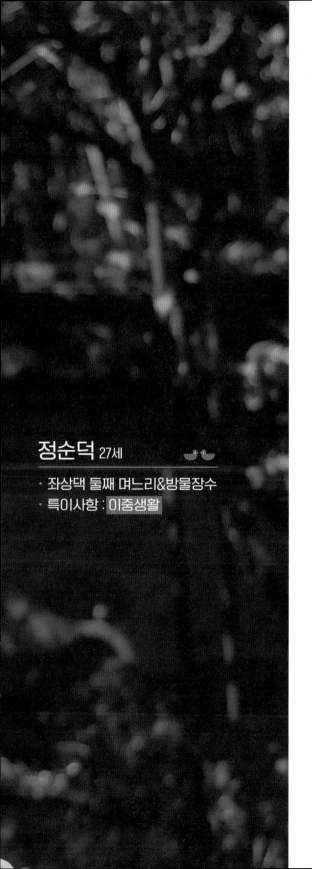

제 눈엔 보여요,
서로 어울리는지 아닌지가.
연분을 알아보는 능력을
타고났다고 보시면 돼요.

정순덕 27세

· 좌상댁 둘째 며느리&방물장수
· 특이사항 : 이중생활

심정우 25세

- 의빈&어사
- 특이사항 : 청상부마

제가 출사하지 못함은
조선 최고의 자원 낭비입니다.

미혼 남녀가 부적절한 거리로 붙어 있으면
내 가슴이 통증을 느낍니다.

소인이 부마의 직책을 부여받아
나라의 녹을 먹고 부마 대우를 받는 것은
과분하고 잘못된 일이기에 이제라도 이를 바로잡고자
공주마마와 소인의 혼인무효 상소를 올립니다.

이 여인이… 지금 날 보호한 것인가?

이 책의 저자가 누군지 알아야겠다.

백면서생처럼 지어낸 이야기를 가지고 실제인 양 추궁하십니까?

마님의 사생활 같은 양반을 조롱하는 난잡한 잡서가
시중에 떠돌고 있는데 한성부는 단속도 안 하고 무엇을 하는 것인지.
조선엔 제대로 일을 하는 자가 하나도 없군. 쯧쯧.

혹 반했나?

윽!

아이고 또 상소를 쓰면서 밤을 새셨어요?

색다른 흥통 때문에 잠을 이룰 수 없었다…

일 편도 재미있는데 이 편은 더 재미있어.
화록님 진짜 천재 아니에요?

내 그 방물장수에게 전할 말이 있다.

말씀하시지요.

나는… 너에게 반했다!

대역 죄인에게 사약을 집행하라!

오봉아… 내, 드디어 출사의 길이 열렸다.

제가 중신 한번 서볼까요?

둘이 앞으로 알콩달콩 살 걸 생각하면 넘 좋다.
내가 이 맛에 중매를 못 끊는다니까.

언제 읽어도 이 이야기의 끝은
슬프고 아름답습니다.

뭐지… 꿈인가?

주… 중매를 의뢰하러 왔다.
나는 어사고 이번 원녀 소탕은 어명으로 행하는 것이다.

원녀 소탕이요?!! 원녀가 무슨 산적입니까? 소탕하게.

중매하기 좋은 날씨다~

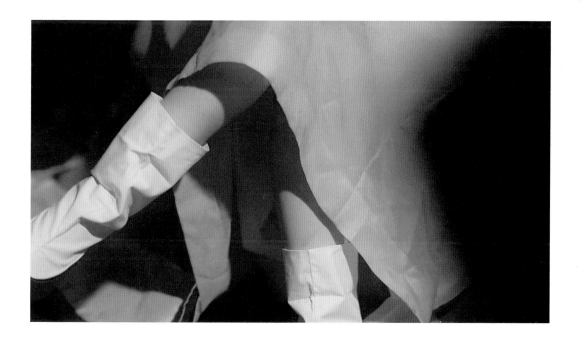

제발 언니들 시집 좀 보내주게.

나만 믿어요.

당장… 사과부터 하마. 저번 일은 내가 미안했다.

늙은 아씨들 중매 설게요!

오월 안에 혼례를 모두 성사시키지 못하면
받은 돈의 두 배를 돌려줘야 할 것이다.

저 중매의 신, 여주댁입니다.
저에게 실패란 없습니다.

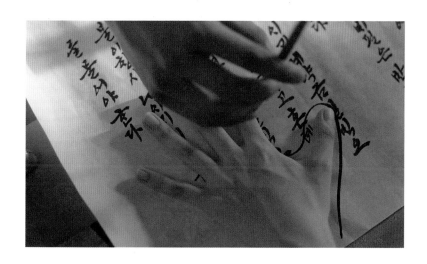

왜 그렇게 빨리 갔어요…
뭐가 급해서.

나리!

아니 왜 그쪽에서 오는 것이냐?

이유 없이 역정을 내시니… 꼭 울분남 같습니다.

어사 나리라 그런지 다방면에 영민하십니다.

내 무척 똑똑하고 모르는 것이 없는 사람이다.

내 딸들의 중매를 자네가 맡아주게.

여기 있었군, 쌍연술사…
아! 고려 가요에서도
본 것 같은데…

역시 여기 있었어.
이 미친 기억력…

나 쌍연술산가 봐요.
쌍연술사… 이름도 너무 맘에 들어.

나리께 완전히 실망했습니다.

나는 너를 실망시키는 그런 남자가 아니다.

"쌍연술사의 연분을 만드는 방법은 기록치 않아 알 수는 없지만
그들은 각자만의 연분 맺기 기술을 보유하고 있다."

진짜… 쌍연술사인가?

그래서 지금 우리가 해야 하는 건 선화사 '첫눈맞기' 준비입니다.

'첫눈맞기'라는 게 설마…
말 그대로 눈이 마주친다는 건 아니지?

왜 아니겠습니까?
말 그대로 남녀가 처음 눈이 마주치는 그~ 순간!

남녀가 연모의 마음이 생기는데, 얼마의 시간이 걸리는 줄 아십니까?
바로 일각의 백분의 일의 절반, 거의 순식간이죠.

제2부

연인지감

戀人之鑑

그러고 보니 얼굴에 가득한 화장을 지우니…

아무 말도 하지 마십시오.
화장 안 하고 애교점도 없는 제 얼굴, 밋밋한 거 저도 잘 아니깐요.

안다니 다행이지만 아주 못 볼 정도는 아니다. 난 지금 쪽이 더… 낫다.

제 옆에 바짝 붙어, 저만 보고 걸으십시오.

여기입니다, 광부님들이 모이는 곳.
중매쟁이들 사이에선 '암흑의 담벼락'
이라고 부른답니다.

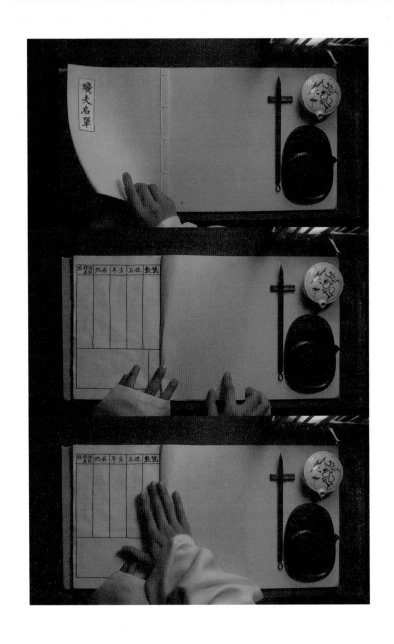

암흑의 담벼락 광부 면담 시작!

제가 원하는 처자 형은 예…

예쁘고 어린 여인 아닙니까?

무슨 소원을 빌었느냐?

소원을 남에게 말해주면 아무 소용없다고 오라버니가 그러셨습니다.

나리 3일 뒤, 객주에서 뵙겠습니다.

이런 상황을 만들어 놓고… 그냥 가는 법은 없다.

무슨 소원을 비셨습니까?

원래 소원은 남에게 말해주면 효험이 없는 법이다.

어사 나리가 울분남이고…
근석이 과외 스승이라…
어떡하지?

자~ 그럼 시작해 볼까요?

나는 어떤 여인이…
어울리겠느냐?

미쳤어, 손이 겹쳐졌을 때 바로 뺐어야지
날 헤픈 여자라고 오해하면 어쩌지…

혹시 저희 어머니를 아십니까?

갑자기 그게 무슨 말이냐?

그런 말을 하는 어른은 어머니 말고 처음이라…
저희 어머니도 제가 좋아서 하는 것이면 몰라도, 조부모님을
기쁘게 하려고 억지로 공부할 필요는 없다 하셨거든요.

좋은 어머니를 두었구나.

과외 받아 보니 어때?
혹시 버거우면 이 어미에게 편하게 말하고.

재미있었습니다.
특히 스승님이 아주 마음에 듭니다.

그래? 어떤 면이?

어머니를 좋아해서요.

뭐라고?

그런 것이 있습니다.

태어날 때부터 병약해 힘들어하던 둘째가 너를 만나고
많이 웃었어.

서방님보다 제가 더 많이 웃었을걸요.

너무 짧았잖니.

세월이 길다고 사랑이 더 큰 건 아니잖아요.
짧지만 서방님이 저에게 준 사랑이 너무 커서,
제 평생 행복하게 살 힘을 준 거 같아요.

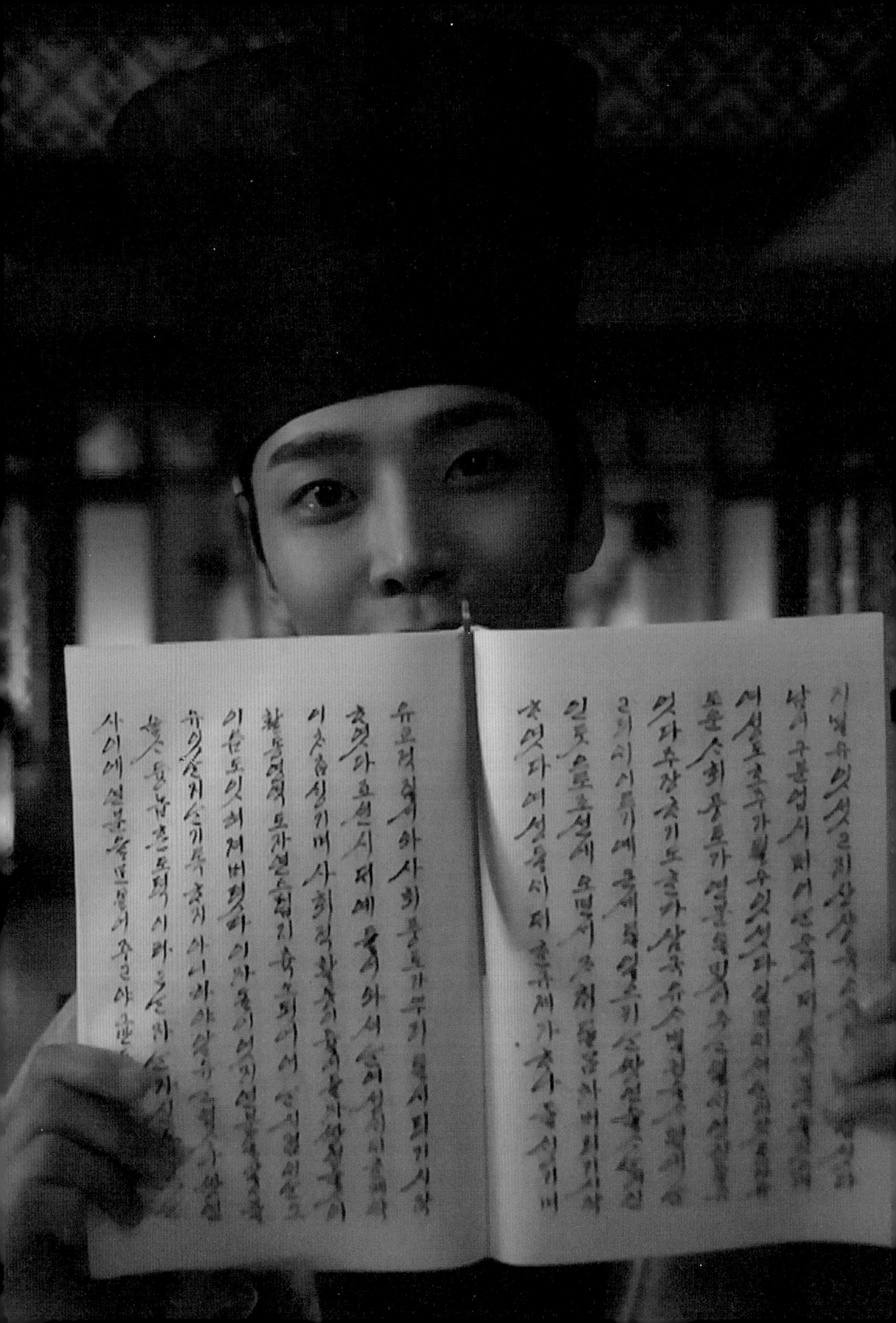

세 걸음 떨어져라.

맹박사댁 따님들 중매 대작전에 참여해 주셔서 감사합니다.
이번에 우리가 할 일은 하나아가씨에게 붙은 헛소문을 없애는 일입니다.

소리 지르지 마시오…
가슴이 더…

대감님!
정신 차리십시오!

이 시간 이후 삼순낭자와 종사관은
절대 두 걸음 안쪽으로 붙어 있지 마십시오.
미혼 남녀가 부적절한 거리로 붙어 있으면 내 가슴이 통증을 느낍니다.

대감님께서는 가슴까지 유교적이네요!
올곧은 선비의 표본이십니다.

우리 성공 기원으로 작전명 한번 외치죠!

"소소막!"

좋아요, 한번 만들어봅시다,
종사관 나리와 연분!

고맙네.

아가씨, 잊으셨어요? 과한 관심 표현 안 돼요.

161

"여주댁 보아라, 이번 중매를 위해 열심히 일해줘서 고맙다.
하여 세 걸음 떨어지란 나의 분부는 해제해 주겠다.
그리고 일의 편의를 위해 나를 너무 어려워하지 말도록 하거라."

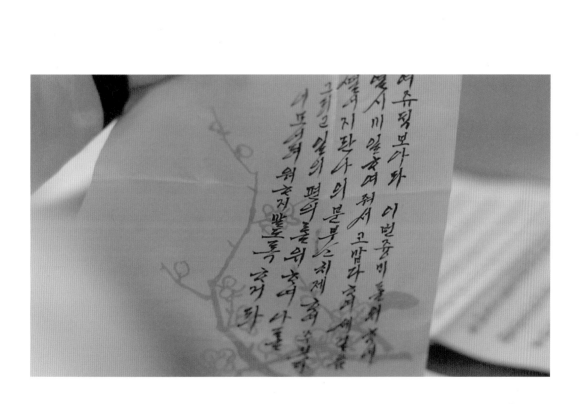

여유륵보아라 이번음비둘러주셔
설지川일항여주셔 고맙다
썰여지잔사의몰복
그리고실의편의를위주어사물
서프거러워주지밟도록 주거라

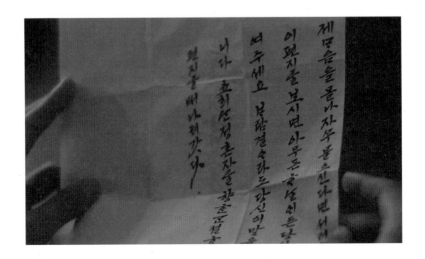

"제 마음을 몰라 자꾸 물으신다면 서러움이 한없습니다.
이 편지를 보시면 나무든 하늘에든 당신의 마음을 말해주세요.
바람결에라도 당신의 말을 건너 듣고 싶습니다.
초희는 정혼자를 향한 간절한 마음을 담아 편지를 써내려갔다… "

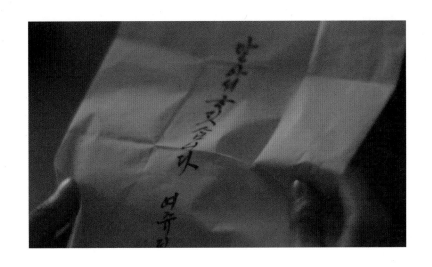

"알아서 하겠습니다 - 여주댁"

너의 이름이 무엇이냐?

제 이름은 순덕입니다.

예쁜 이름이구나. 나이는?

대감님보다 두 살 많습니다.

스물일곱… 내 나이를 어찌 알고?

임신년생 아니십니까? 대감님은 한양에서 유명 인사이십니다.

울분남으로? 공평치 못하다, 나도 너에 대해 알아야겠다. 전부 다.

"마님의 사생활" 삼 편 최초 공개 자리에 오신 마님들 감사합니다.

돌이켜 생각하면 나는 그때 이미 결심했던 것 같다,
여주댁과 혼인을 해야겠다고…

미치신 겁니까? 왜 대감님이 뛰신 겁니까? 헤엄도 못 치면서!!

내… 어젯밤 수영을 다 익혔다.

네가 아니고 내가 다쳐서
무척 다행이구나…

다친 팔은 괜찮으십니까?

남자가 이 정도 상처는 별거 아니다.

늘 먼저 오는 법이 없구나.

오늘은 갈 곳이 많으니 바쁘게 움직여야 합니다.

누가 보면, 내가 늦은 줄.

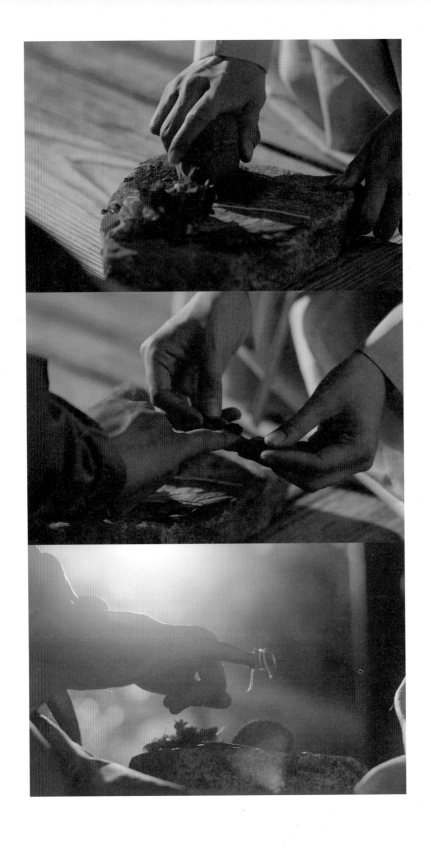

돌이켜 생각하면 이 말을 하는 순간 이미 난 경운재대감에게
마음을 내주었다는 걸 알고 있었던 것 같다.

끝까지 아니길 바랬는데…
넌 나에게 크나큰 배신감을 줬다.
우리의 중매 계약은 이 시간부로 깨졌다.

제3부

혼례대첩

婚禮大捷

별이 쏟아지던 밤, 객주에서 내가 이름을 물은 첫 남자라고
말한 것이 거짓말이라니, 살인자라는 충격보다 배신감이
더 컸던 것 같습니다.

나리 너무 잘하셨습니다.

대감님께도 제가 지나가는 바람일 거예요.
그러니 저 때문에 너무 힘들어하지 말아요.

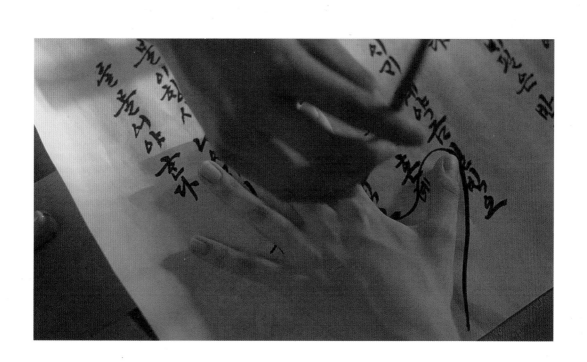

인정하고 싶지 않지만, 여주댁으로 인해 나의 삶은 완전히 파괴되었다.

내, 못 보고 죽느니 차라리 보고 죽는 게 낫겠다.

왜… 내 마음을 니 맘대로 확신하는데…

설마 죽거나 하는 건 아니겠지?
아닐 거야. 원래 엄살이 심하잖아.

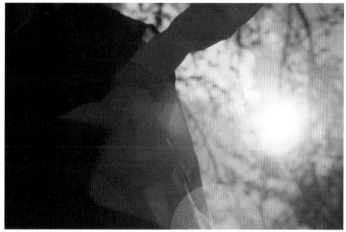

너도 날 좋아하는 것이 틀림없는데,
혹 내가 샌님이라 착각한 것이냐?

저는 죽은 서방님을 잊을 수 없습니다… 아마도 평생.

미치겠네⋯
이리 시도 때도 없이
생각이 나니.

시간이 지나면 잊혀지겠지.

어쩌자고 이제 없어지지도
않는 건지…

234

너와 나 꽤 잘 맞는 것 같지 않으냐?

받아라. 너의 양반족보다.

죽은 남편을 잊을 필요 없다. 나도 공주를 잊지 못했다.
아마도 너처럼 평생 잊지 못하겠지. 그러나 너를 좋아하는 건 확실하다.
너 역시 그러하지 않으냐?

"처음 중매를 시작할 땐
내가 너에게 청혼서를 쓰게 될지는 몰랐다.
처음엔 네가 너무 생경하여 내치려 했지만,
나의 의지론 불가능하단 걸 알게 되었다.
하여 나는 남은 생을 너와 함께하고 싶다.
그러니 당신이 나를 어여삐 여겨 배필로
허락해 주길 바랍니다."

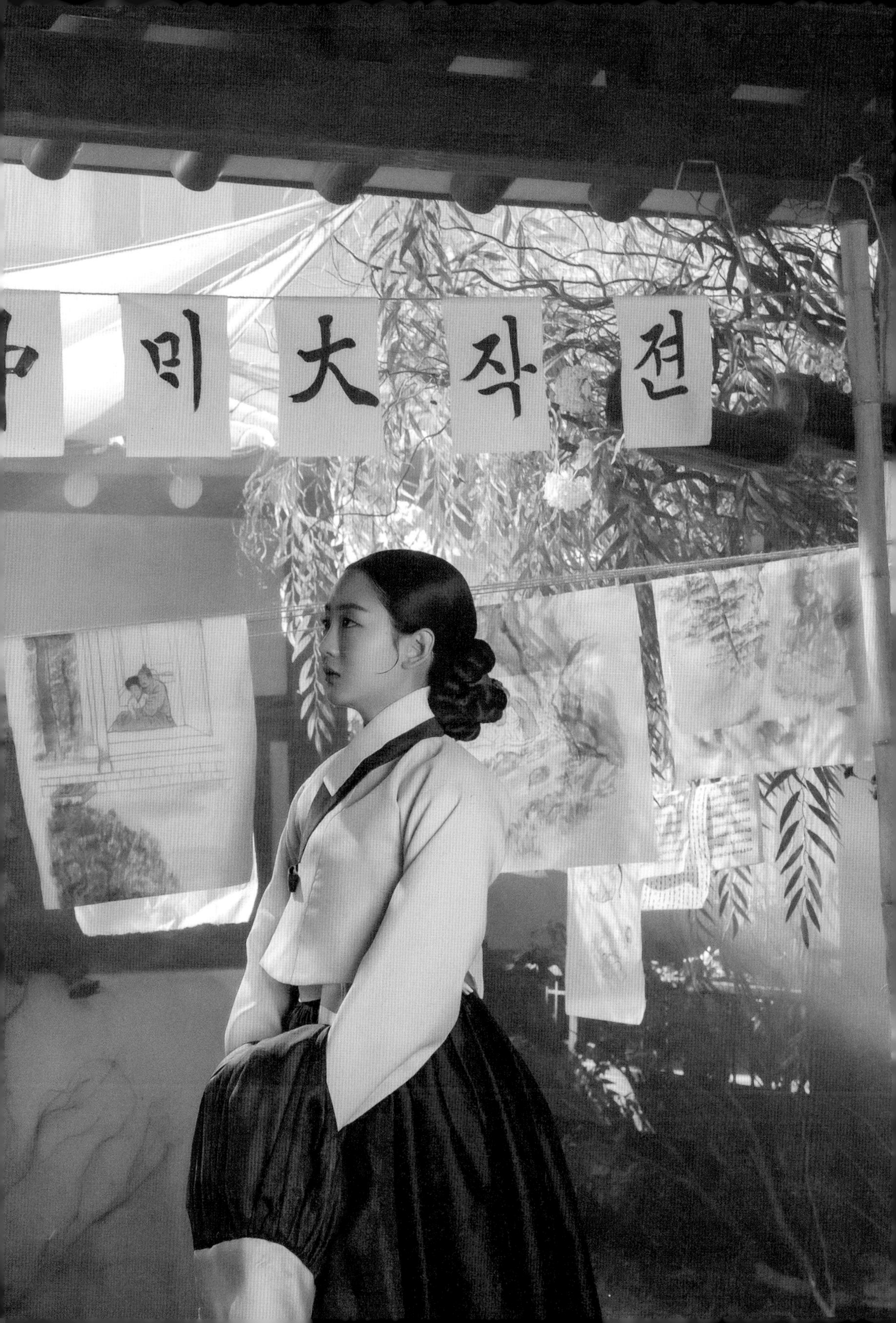
미 大 작 전

내가 보지 말자고 해놓고… 왜 기다리는데.

제가 쌍연술사면…
당신을 볼 때마다 가슴이 이리 뛰는 건
당신이 나의 운명이란 소리 아닙니까?

대감님과 저의 마음은 그냥… 지나가는 바람일 거예요.
시간이 지나면 이 폭풍 같은 마음도 잠잠해질 겁니다.

제가 여인으로 태어났다면 벌써 중매 시장을 평정했을 겁니다.

아~ 그 울분 많은 성격으로요?
중매가 얼마나 다양한 마님들의 성미를 맞추어야 하는데요.

성미를 맞출 필요가 뭐 있습니까?
나의 가슴이 연분을 정확히 알아보는데.

너무 열심히 하지 말고 녹봉받는 만큼만 하고 일찍 와요.

부인, 어찌 그런 불경한 말을….
내… 일찍 오겠소.

먼저 가시라니까.
행색이 이래서 같이 갈 수도 없는데.

제 나름대로 마음을 잠재우는 방법입니다.
질리도록 많이 봐두는.

먼저 가시면 이번엔 제가 알아서
세 걸음 떨어져 가겠습니다.

양반집 과부와 혼인하는 것이, 어찌 이리도 어려운가…
상소가 받아들여진들 무슨 소용인가, 조선의 법이 이토록 융통성이 없는 것을!

어머니, 제가 중매의 신으로 불리는 여주댁입니다.

연분도 아닌데 왜 못 잊어,
잊을 수 있어.
거의 잊은 것 같아.

할 수 있다고 생각했는데 안 될 것 같습니다…
대감님을 잊고 사는 것이.

그걸 이제야 아셨습니까… 저는 부인을 처음 볼 때부터 알았습니다.
평생 잊지 못할 사람이란 걸.

제4부

청상연분

青孀緣分

저는 대감님을 보고 싶을 때마다 밤하늘을 봅니다.

선화사에서 풍등 날린 거
기억나십니까?
무슨 소원을 빌었냐고
물어보셨죠?

대감님과 중매를
잘 마칠 수 있게 해달라
빌었습니다.

소원을 말하면 이루어지지
않는다고 하지 않았습니까.
어쩌려고 소원을 말하는 것
입니까.

신기한 건 제가 분명 풍등 하나를 망쳤는데,
가는 길 하늘에 두 개의 풍등이 떠 있었단 겁니다.

신기해할 거 없습니다, 나중에 제가 떠운 것이니.
다만 신기한 것이 있다면 나도 부인과 같은 소원을
빌었다는 것입니다.

하여 세월이 많이 지나 옛일을 이야기할 때
저는 우리 둘이 같이 풍등을 띄운 것으로
기억할 것 같습니다.

제가 그리 보고 싶으셨습니까?

제가 담을 넘은 이유는⋯ 부인이 보고 싶어서가 아닙니다.
더는 서찰을 보내지 말라는 말을 하러 간 것입니다.

제가 걱정돼서 그러신 겁니까?

아닙니다⋯ 부인이 말한 대로 나의 마음은 잠잠해졌습니다.
이제 더는 부인을 연모하지 않습니다.

저를 좋아하지 않는데 서찰을 보내지 말라는 말을 하기 위해,
여인 혼자 지내는 별채 담을 넘었다고요?
좋아하지 않는데 밀고 내려오라고 상냥하게 팔을 내주신 겁니까?
좋아하지 않는데 저를 안았을 때 그리 가슴이 요동친 겁니까?

그 긴 세월 이곳에서 홀로 외로웠겠구나.

나름 바쁘게 지냈습니다.

혼인무효 상소를 쓰면서 말이냐?

…그것만 하고 있었던 것은 아닙니다.

연분 아닌 사람도 좋아할 수 있잖아요!
우리는 뭐 연분이라 좋아했습니까?

제가 소설에서 가장 싫어하는 말이 뭔지 아십니까?
사랑해서 헤어진다는 말입니다.
저는 경운재 담을 넘던 날 결심했습니다.
대감님과 함께하기로.

어떻게 말입니까?

방법은 아직 모르겠어요.
허나, 걱정은 마십시오. 저 중매의 신입니다.
사람 맺어주는 건 제가 조선에서 가장 잘합니다.
저는 대감님이 생각하는 것보다 훨씬 용감합니다.
그러니 저를 믿고 기다려주십시오.

내가 작은 시누이를 주인공으로 소설을 하나 써도 될까요?

완전 되지요. 잘 부탁드립니다.

어머님, 아가씨는 평생 후회하지 않으려고 지금 인생에서 가장 큰 용기를 낸 겁니다.
그러니 아가씨의 뜻대로 해주세요.

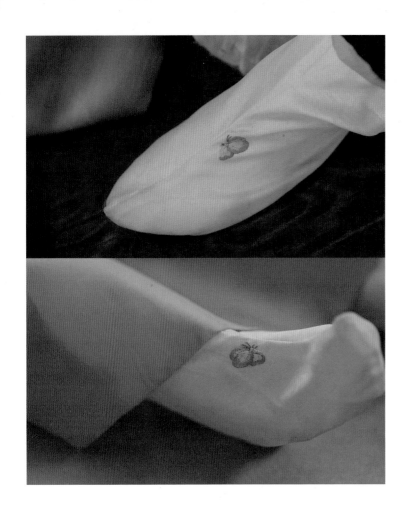

"내가 니 혼수 이불 다 만드는 거 알지?
계속 밉보이면, 혼수 이불 속에 바늘을 넣고 꿰매는 수가 있다."

두리낭자는 사실 16호가 아니라 시열 도령과 연분입니다.
두리아가씨 버선에도 같은 나비 수가 놓여 있거든요.

역시 내 가슴팍은
틀리지 않았어.

이 혼례가 끝나면… 나와 멀리 도망갑시다.

알겠습니다.
이 혼례를 잘 마치면 대감님 하자는 대로 하겠습니다.

제가 여기서 대감님과 함께할 방법을 반드시 찾을 것이니,
걱정하지 마십시오.

내 가슴이 왜 뛰는지 아십니까?

두려워서요?

아니요. 당신을 사랑해서 뛰는 겁니다.
그러니 우리의 만남을 후회하는 일은 없을 겁니다, 영원히.

조씨 집안 며느리로는 죽겠습니다.
하지만 정순덕은 결코 집안 때문에 죽지 않을 것입니다.

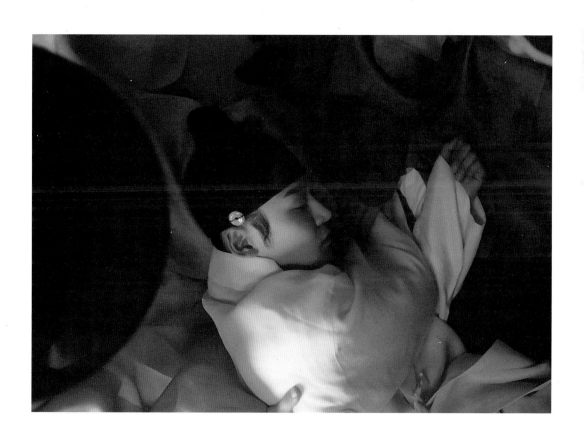

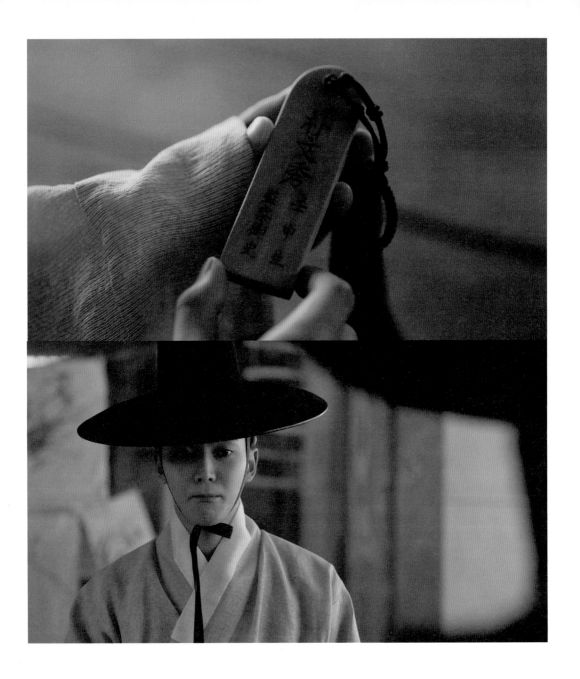

많이 보고 싶었습니다.

살아계셨습니까?!

우린 이제 팔도를 돌며 짝을 찾을 겁니다.

저는 벌써 설렙니다.

그전에 더 중요한 것이 있습니다.

말씀하십시오.

우리 혼인은 언제 할까요?

지금 어사 나리가 과부 장사치에게 지분거리시는 겁니까?

일에 집중하십시오.

혼인 생각 때문에 일에 집중할 수가 없습니다.

그럼 혼인 전에 일단 연애부터 해보면 어떨까요?

연애요? 자고로 연애란 자신의 마음을 다스리지 못하는
어리석은 자들의…

지금 조선에서 우리만큼 어리석은 자가 또 있습니까?

아…

그러니 소설에서나 보던 가슴 설레는 연애부터 해보자고요.
사람들 좋은 짝 찾아주면서.

가슴 설레는 연애요? 너무 좋습니다.

비하인드

감독의 말

연출감독 **황승기**

촬영감독 **백우정**

미술감독 **하지희**

의상감독 **조상경**

연출감독 황승기

시대극은 대본을 영상화할 때 제약이 많아서 좀처럼 흥미를 느끼지 못했는데 〈혼례대첩〉을 만나 마음이 열렸습니다. 〈혼례대첩〉은 시대극의 한계를 극복할 만한 포인트가 많고, 사극치고는 과감한 대본이었습니다. 무엇보다 옛 연인의 아픈 기억을 그대로 간직한 채 다시 새로운 사랑을 맞이하기 위해 용기를 내는 이들의 이야기라는 점이 마음에 와닿았습니다. 당시에 저는 연애 예능 프로그램 〈환승연애〉에 과몰입하여 '과연 드라마라는 장르가 리얼리티를 넘어설 수 있을까' 하는 회의감에 빠져 있었는데, 〈혼례대첩〉은 사극의 시대적 장치를 정교하게 구성해 그 어떤 리얼리티보다 더 진짜 같은 멜로의 세계관을 구축하고 있었습니다.

가상의 인물과 허구적 이야기를 다루고 있지만 엄연히 역사적으로 실재했던 한 시기를 빌려와 다루는 만큼 극의 상상력과 역사적 근거 사이에서 적절한 균형을 찾고자 노력했습니다. 그 과정에서 우여곡절이 많았지만, 역사적 근거를 따르는 것이 상상력을 제한하는 것이 아니라 오히려 인물과 에피소드를 더욱 풍부하게 만들어준다는 점을 깨달았습니다. 콘티 과정에서는 '신과 시퀀스의 내용을 어떻게 하면 더 쉽게 이해시키고 설득할 것인가'를 고민하며 캐릭터의 감정을 온전히 공유할 수 있는 인물 컷을 확보하는 데 주안점을 두었습니다. 전경 컷은 각 신이 요구하는 정취를 적확하게 표현하는 것이 가장 중요했고, 우리 산하와 옛 건축물의 아름다움을 온전히 담기 위해 와이드숏이 적극적으로 활용되었습니다. 사극 촬영지가 뻔하다면 뻔한데, 같은 장소임에도 조금은 다르게 보였다면 촬영, 조명, 미술 등 각 분야 스태프들의 남다른 노력 덕분입니다.

제작 과정에서 촬영 다음으로 가장 긴 시간과 노력을 기울인 부분은 캐스팅입니다.

〈혼례대첩〉에는 많은 인물이 등장합니다. 그런 만큼 인물이 뒤섞이지 않고 잘 구분되어야 시청자가 이야기를 따라갈 수 있을 거라고 생각했습니다. 신인, 기성 배우 가리지 않고 오랜 기간 미팅을 통해 각 인물에 가장 적합한 이미지와 대사 톤을 가진 배우를 추리고, 최종적으로 균형을 고려해 캐스팅하기까지 매우 지난했습니다. 하지만 현장에서 각자가 맡은 배역을 온전히 소화해 낸 배우분들 덕분에 의미 있는 시간이었습니다. 그리고 많은 인물과 수시로 부딪히면서도 균형을 잃지 않고 중심을 잡아준 로운, 조이현 배우의 공이 컸습니다. 단단한 마음을 가진 두 주연 배우 덕분에 이야기가 공전하지 않고 제 방향으로 흘러갈 수 있었습니다.

저에게 〈혼례대첩〉은 '사랑만물론'에 기반한 대본입니다. 사랑스러운 인물들이 사랑의 힘으로 편견과 한계를 부수는 이야기가 다소 소란스럽지만 귀엽게 느껴졌습니다. 좀처럼 사랑 앞에서는 타협하지 않는 인물들의 순진무구함이, 어쩌면 지금의 우리가 잃어버렸거나 돌볼 여유가 없어 모른 척했던 '사랑'의 가치를 다시 끌어낼 수 있겠다는 생각이 들었습니다. 대본을 처음 읽은 순간부터 마지막 촬영과 편집이 끝날 때까지 저에게 〈혼례대첩〉은 귀엽고 사랑스러운 작업이었고, 이런 마음이 드라마를 보는 사람들에게도 온전히 전달되었으면 합니다.

우왕좌왕 소란스러웠던 초여름의 한때를 따뜻한 마음으로 지켜봐 주신 시청자분들께 감사합니다. 〈혼례대첩〉 속 인물들은 아마 평생 서로 아끼고 사랑하면서 행복하게 살 것입니다. 그들은 용감하게 사랑을 지켜냈으니까요. 용기를 내세요. 사랑은 곳곳에 있고, 모든 것의 시작입니다.

촬영감독 백우정

저의 초등학교 1학년 딸아이는 누구보다 〈혼례대첩〉에 진심인 애청자입니다. 아이의 방 한쪽 벽에는 〈혼례대첩〉 포스터가 붙어 있습니다. 생경한 눈으로 드라마를 보는 아이에게 물었습니다. "무슨 이야긴지 알아?" 딸아이가 대답했습니다. "음, 아니. 사실 잘 몰라. 그래도 아빠가 예쁘게 찍어서 계속 보게 돼." 그러고는 제게 두 손으로 엄지 탑을 쌓아 내밀었습니다. 나 드라마 촬영 하기를 참 잘했구나, 생각했습니다. '사랑은 어디에나 있다'는 순덕의 말처럼 아이의 엄지손가락에서 사랑을 찾았습니다. 사랑의 눈으로 보면 주위의 사소한 것들도 예쁘고 아름답습니다. 이런 마음으로 〈혼례대첩〉을 담으려 노력했습니다.

〈혼례대첩〉은 드라마에 참여한 모두의 사랑이 차곡차곡 쌓여 만든 드라마입니다. 한 장면을 위해 어느 것 하나 허투루 설계된 것 없이 모든 요소가 의미와 가치를 가지고 화면 안에 살아 있습니다. 2023년 한여름의 폭염 속에서 촬영을 했습니다. 배우들의 한복 위로 땀이 배어 나왔고, 스태프들은 수건으로 흐르는 땀을 닦고 또 닦았습니다. 더위와 바쁜 일정에 힘들었지만 모두가 애정 가득한 시선으로 작품을 바라보았습니다. 이 마음들이 〈혼례대첩〉을 아름답고 섬세한 이야기로 만들지 않았나 생각합니다.

촬영감독으로서 막연히 상상했던 〈혼례대첩〉의 그림은 한국화 같은 드라마였습니다. 코믹한 장면은 단오의 혼례작전을 준비하며 정우가 김집(광부 12호)에게 그네 타는 법을 가르쳐주는 장면처럼 민화 같기를 바랐고, 멜로 신은 다시는 만나지 못할 거라 생각했던 두 주인공이 재회하고 새로운 삶을 찾아 떠나는 드라마의 마지막 장면처럼 수묵화 같기를 바랐습니다. 선의 짙고 옅음으로 은은한 아름다움를 표현

하는 우리나라 전통 그림처럼 보시는 분들이 드라마의 아름다움에 서서히 스며드는 영상을 만들고 싶었습니다.

저에게 장면 하나하나 소중하지 않은 것이 없습니다. 카메라의 리코딩 버튼을 누를 때마다 마음으로 '예쁘다, 예쁘다' 하며 담았습니다. 작품이 끝나도 오래도록 많은 분들의 사랑받는 작품이 되었으면 합니다.

미술감독 하지희

"인물이 사는 공간은 그 인물을 대변한다." 드라마 세트는 단순히 가구가 놓인 커다란 방이 아닙니다. 배우가 없는 빈 곳이어도, 공간 역시 연기를 해야 한다고 생각합니다. 미술감독은 시청자가 극 중 인물을 보다 효과적으로 파악할 수 있도록 캐릭터의 상징을 부각하기 위한 효과적인 시지각적 표현을 통해 드라마의 흥미를 극대화할 방법을 찾아야 합니다. 그렇다고 직접적인 언어로 표출하면 도리어 보는 이가 편견을 가질 수도 있습니다. 예를 들어 독서를 좋아하는 인물의 방을 책으로만 가득 채운다면 시청자는 그 인물을 오로지 책만 읽는 사람으로 단정 지을 수 있습니다. 이런 오류를 범하지 않기 위해 간략한 가이드만 제시하여 상상력을 자극하는 간접 언어를 사용하고 싶었습니다.

공간 연출의 주요 콘셉트는 '은유metaphor'입니다. 〈혼례대첩〉은 밝고 유쾌하지만, 여러 타래의 서사가 촘촘하게 짜여 밀도 있는 작품입니다. 절대 가볍지 않게, 뻔하지 않게, 그렇다고 너무 과해서 극을 방해하지 않도록 적절한 지점을 찾고 싶었습니다. 주요 소품과 전체적인 규모, 구조, 색감, 톤을 통해 입체적인 캐릭터를 은유적으로 표현하는 데 주력했습니다. 대표적인 공간이 좌상집 안채와 비밀창고, 경운재입니다.

교태전을 연상시키는 주색 가구와 궁 창호, 매화 병풍, 오량 지붕 구조가 특징인 좌상집 안채는 사대부의 권력과 야욕을 보여줍니다. 특히 매화 자수 병풍은 '동물의 뿔'을 시각화하여 인물 뒤로 중첩된 이미지에서 성난 뿔이 내재된 인물로 보이길 바랐습니다. 더불어 인물 앞 붉은 발(통영발)은 그녀의 복잡하고 어지러운 심리 상태를 감추는 '베일'입니다. 이렇듯 공간 속에서 박씨의 잔혹함과 냉정함이 자연스럽게 묻어 나오길 기대했습니다.

비밀창고는 정우와 순덕, 삼순과 순구의 로맨스가 이루어지는 공간입니다. 객주 뒤 버려진 공간으로, 대본 설정에는 어두운 반지하 구조로 묘사되어 있었으나, 빛이 들어오는 따뜻하고 화사한 공간으로 변경했습니다. 사랑을 그리고 꿈꾸는 인물들의 공간답게 자연채광, 녹색식물의 싱그러움을 더해 대형 버드나무를 심고, 하늘을 메우는 잎사귀와 오래된 이끼, 군데군데 걸어놓은 필사지, 춘화, 말린 꽃과 화병, 모빌 등으로 아기자기한 디테일에 집중했습니다. 연분을 맺어주기 위해 고군분투하는 정우와 순덕의 활력, 삼순의 사랑에 대한 염원과 희망이 보이도록 생명력 있는 조경 작업에 주력했습니다.

경운재는 정우의 고독한 공간이자 부마라는 지위에 걸맞은 위용과 품격을 지닌 곳입니다. 높은 층고와 위엄 있는 지붕 구조, 풍류를 즐기기 위한 누마루가 필요하여 한옥 건축 방식을 토대로 하되, 극 중 공간의 다양한 쓰임새에 맞게 재해석했습니다. 경운재는 외로움과 고독, 그 와중에 자기 멋에 빠져 사는 유쾌한 정우를 그대로 보여줍니다. 큰 공간 속에 홀로 앉아 책을 읽고 그림을 그리며 하루하루 묵묵히 버티며 사는 정우가 시청자들에게 더욱 고결하고 애처롭게 다가가길 바랐습니다.

끝으로 미술에 진심인 KBS아트비전 소품 선배님들(최근남, 조광휘)께 존경을 표하며, 더위와 추위를 가리지 않고 전력 질주한 후배 전미래 디자이너에게 각별히 감사의 말씀을 전하고 싶습니다.

의상감독 조상경

우리 곰곰스튜디오도 드디어 고운 한복을 만들 수 있다는 공포(?)와 흥분으로 처음 샘플을 만들던 때가 생각납니다. 정우 역을 맡은 로운 배우의 신체 사이즈를 고려해 의상의 비율을 계산하고 배우의 얼굴에 맞게 갓끈을 0.2cm씩 줄이고 늘리고 하던….

의상 콘셉트는 '로맨틱하게'. 한복으로 낭만적이고 사랑스러운 분위기를 연출하는 것이 쉽지만은 않았습니다. 가장 먼저 고민한 것은 실루엣입니다. 그간 사극에서는 한복 치마를 가슴에 묶는 형태를 자주 보여주었는데 조선시대 복식은 조금씩 변화해 왔습니다. 〈혼례대첩〉에서는 치마를 허리에 묶는 17세기 한복의 실루엣을 살렸습니다. 단역 의상까지 이 실루엣을 고수하기 위해 수십 벌의 속곳류를 사전에 제작했습니다.

대본을 읽으면서 어떻게 전개될지 가장 궁금했던 하나, 두리, 삼순 세 자매는 한복으로 신분과 처지를 보여주면서 각자의 특징을 살릴 수 있게 의상을 설정했습니다. 예를 들면 두리는 앞치마를 둘러 실루엣에 변형을 주기도 하고, 앞치마 끝단에 기운 자국을 만들어 그조차 장식적으로 보이도록 하는 두리의 바느질 솜씨를 보여주고자 했습니다. 순덕의 방물장수 복장은 조각보로 특징을 준 봇짐부터 속곳이 겹쳐 보일 수 있게 겹겹이 입어 평소 감추고 있던 마음을 살짝 보이도록 하는 등 '중매의 신'으로 은밀하게 이중생활을 하는 순덕을 표현해 보았습니다.

의상의 색상은 담채화처럼 표현했습니다. 인물들이 후반까지도 설렘, 애틋함, 확신 없는 마음을 품고 있어 맑고 옅은 색으로 톤을 제한했습니다. 예외적으로 임금의

용포, 정우의 혼례복, 예진의 혼례복 등의 예복과 순덕의 첫사랑 신에서만 유일하게 진한 빨강을 썼습니다.

옷을 지으며 마음이 치유된다던 함진회 제작팀장, 현장에서 옷매무새를 잘 챙겨준 의상팀 모두 감사합니다. 의상을 잘 활용해 준 모든 배우와 끝까지 작품의 완성도에 집중해 주신 감독님께 감사합니다. 작은 부분 하나까지 알아봐 주시는 시청자분들, 가장 감사합니다.

여느 작업과 달리 〈혼례대첩〉은 방송을 보면서 저 또한 순수한 시청자로 돌아갔습니다. 〈혼례대첩〉이 두고두고 사랑받는 작품이 되었으면 좋겠습니다. 한가한 오후나 달콤한 디저트가 생각날 때 한 회씩 꺼내 보시길.

혼례대첩을 만든 사람들

기획 KBS 에프엔씨스토리 씨네주
책임프로듀서 김영균 윤재혁
제작 권용한 엄주영
프로듀서 석신호
제작총괄 김운영 이서재준
기획프로듀서 박인정 송연선
제작팀장 김승원
제작프로듀서 황지민 이수정
촬영 백우정 김승환
조명 이용근 강민수
동시녹음 김경습 유승민
그립 최동민 장우석
미술 하지희 **소품** 최근남
의상 조상경 정의한
분장 이진욱 **미용** 최연우
편집 김병록 **음악** 박성진
VFX 하상훈 **DI** 오정현
사운드 박준오 **종편** 안영록
조연출 이가람 오세규 김근호 배지록
극본 하수진
연출 황승기 김수진

출연

로   운 조이현
박지영 조한철
이해영 최희진
진희경 정신혜
박지원 정보민
오예주 박환희
허남준 손상연
최경훈 김동호
서진원 정승길
이순원 김다흰
우현주 박현정
김건호 김가영
김현목 방은정
정   연 정지안
박보배 이소이
이창민 정우재
고덕원 빈찬욱

조창희 박성진
윤여원 휘   영
조남웅 김미라
전봉석 박정환
윤희선 박두호
[아역] 홍동영 김시우 이예주

KBS

책임 프로듀서 김영균 윤재혁
프로듀서 석신호
심의 황인혁

KBS 홍보

KBS 프로모션 총괄 이수정
디지털 프로모션 전가영 정은지 이소정
디자인 박성은
온라인 홍보 KBS미디어
콘텐츠기획 민지선
웹디자이너 박현진
외주 홍보 [3HW E&C] 이현 이현주
                    백은영
타이틀 [나인컨셉] 이정명 임현석
                장희승 조수빈 이현수
포스터 디자인 [피그말리온] 박재호
                    이유희 이서연 박인혜
포스터 사진 김영준
스틸/메이킹 [청춘갈피] 박영솔 서단비
                    김유림

에프엔씨스토리, 씨네주

제작 권용한 엄주영
제작총괄 김운영 이서재준
기획프로듀서 박인정 송연선
제작팀장 김승원
제작프로듀서 황지민 이수정 이민화
라인프로듀서 곽보섭 최지흠

촬영

A팀
촬영감독 백우정 박재인

포커스풀러 최형길 강진우
촬영A캠 윤종섭 황태웅 엄태현 박준하
촬영B캠 전휘영 남관우 윤슬아

B팀
촬영감독 김승환 김진환
포커스풀러 양광우 김태은
촬영A캠 김국회 선우훈 김민형
촬영B캠 김이륜 임지현 이지현
촬영장비 A2Z 엔터테인먼트(FRAME)

조명

A팀
[조명감독] 이용근
[조명1st] 강도헌
[조명팀] 문성관 김성준 선종윤 이황주
[발전차] 이창근(드림발전기)
[조명크레인] 강성욱(하늘크레인)
[추가발전차] 유수현(수네트워크)

B팀
[조명감독] 강민수
[조명1st] 이정호
[조명팀] 김주안 이용회 고영규 신승재
[발전차] 김병호(민)

세트조명장비 라이팅드림

동시녹음

A팀
[동시녹음기사] 김경습(오디오나무)
[붐오퍼레이터] 임성묵
[붐어시스턴트] 김태백

B팀
[동시녹음기사] 유승민(사운드 네이션)
[붐오퍼레이터] 김영표
[붐어시스턴트] 이미연

그립
(주)퍼팩트그립
A팀
[키그립] 최동민
[그립팀] 남현우 도영록
　　　　양준열

B팀
[키그립] 장우석
[그립팀] 이혜성 정한기
　　　　이재열

미술제작 (주)KBS아트비전
미술감독 하지희
세트디자이너 전미래
미술행정 이인숙
장식총괄 이강호
장식지원 이정민
장식디자인 김아름 최서라
　　　　한혜교
장식진행 최근남 조광휘
　　　　권순필 김동휘
　　　　김현선 이창희 이하정
가구제작 서정인
장식행정 임진경
소품차량 임의하 박명수
　　　　박성수
세트제작 (주)아트인
세트총괄 이용직
제작 이상군
장치 김정근 이용학 이형준
작화 노성봉
장식 김한 박유범
세트진행 박승기 한상은
　　　　윤정호
행정 홍성훈
세트차량 손봉운
의상감독 [곰곰] 조상경
　　　　정의한
의상팀장 정다영 천근영

주정현
의상팀 조미하 안다빈
　　　　조현진 남수현 송의현
의상제작팀장 함진희 김태연
의상제작팀 조하늘 채조은
　　　　조재윤
의상버스 노진형 박남규
의상탑차 김한기

분장/미용 [무당벌레]
분장 이진욱 김용태 이지은
　　　　김민정 신진이 오새리
　　　　박은지 김민경
미용 최연우 조강희 김나영
　　　　김미현

무술 서울액션스쿨
무술감독 한정욱
무술지도 오현정
특수효과 [몬스터] 최병진
　　　　박기정 홍지원
캐스팅 [제이엔에이전트]
　　　　정치인 이은샘
아역캐스팅 [티아이] 노태민
　　　　김석호
보조출연 (주)브로캐스팅
A팀 이종민 한장일 김도형
B팀 한상일 정택경
승합배차 [유진네트고속관
　　　　광] 장호정
연출봉고 임상빈 정성진
제작탑차 문정식 전동옥
카메라봉고 유영호 윤진호
　　　　유기종 백승일
버스배차 [굿모닝여행사]
　　　　이윤지
스탭버스 김금호
분장버스 남상배(세기분장차)
　　　　이재훈(세광기획)
냉장탑차 [스마일] 박창용

마필 퀸앤퀸 오미영
대본 슈퍼북

편집 김병록
서브편집 이수지 황민지
편집보조 문혜빈 박세정
　　　　장한나

데이터 [파라블럼
　　　　(parabellum)] 손진우
　　　　서인주 최재웅

음악감독 박성진
음악오퍼레이터 강진호 고용혁
작곡 최민창 블루키 민지영
　　　　최예찬 김호중 강우원미
스트링 권희정(선율스트링)
　　　　피리 권병호
OST FNC엔터테인먼트

사운드 [모비사운드] 박준오
　　　　이승우 탁지수
　　　　구동현 이정석 박성호

VFX 이든이미지웍스
VFX Supervisor 하상훈
　　　　조혜정 김진수
Compositor 함동일 방희진
　　　　고수연 강달
　　　　우태호 박선혁
　　　　전지예 강수현
　　　　손혜은 김나랑
　　　　박용준 김수진
Motion Art 이미래 김혜란
　　　　양성빈
3D 김현규 강예진
matte 윤찬미

DI A2Z 엔터테이먼(FRAME)
Colorists 오정현

Assistants 김가은
FRAME POST PD 김소윤

종합편집 안영록
종합편집CG 조정민 나유선

원안 '7인의 신부' 씨네주
보조작가 김학분 김은경
콘티작가 황혜라

대본자문 김연수
역사자문 주채영
한문자문 이주형
예절교육 [한국예절문화원]
　　　　전재희 황영애
한자대필 이정화
북한말자문 최성국

로케이션 [선을넘다] 이성훈
　　　　임재홍 장하림
SCR
A팀 장은경 B팀 김수현
연출부 A팀 박한주 최재우
　　　　진제니
B팀 구본민 이현수 황상후
조연출 이가람 오세규
　　　　김근호 배지록

 PHOTO ESSAY

초판 1쇄 인쇄 2024년 1월 16일
초판 1쇄 발행 2024년 1월 31일

지은이 KBS 혼례대첩 제작팀
펴낸이 김선식

부사장 김은영
콘텐츠사업본부장 임보윤
책임편집 박하빈 **디자인** 윤신혜 **책임마케터** 이고은
콘텐츠사업2팀장 김보람 **콘텐츠사업2팀** 박하빈, 이상화, 채윤지, 윤신혜
마케팅본부장 권장규 **마케팅3팀** 이고은, 배한진, 양지환 **채널2팀** 권오권
미디어홍보본부장 정명찬 **브랜드관리팀** 안지혜, 오수미, 김은지, 이소영
뉴미디어팀 김민정, 이지은, 홍수경, 서가을, 문윤정, 이예주
크리에이티브팀 임유나, 박지수, 변승주, 김화정, 장세진, 박장미, 박주현
지식교양팀 이수인, 염아라, 석찬미, 김혜원, 백지은
편집관리팀 조세현, 김호주, 백설희 **저작권팀** 한승빈, 이슬, 윤제희
재무관리팀 하미선, 윤이경, 김재경, 이보람, 임혜정
인사총무팀 강미숙, 지석배, 김혜진, 황종원
제작관리팀 이소현, 김소영, 김진경, 최완규, 이지우, 박예찬
물류관리팀 김형기, 김선민, 주정훈, 김선진, 한유현, 전태연, 양문현, 이민운

펴낸곳 다산북스 **출판등록** 2005년 12월 23일 제313-2005-00277호
주소 경기도 파주시 회동길 490
대표전화 02-704-1724 **팩스** 02-703-2219 **이메일** dasanbooks@dasanbooks.com
홈페이지 www.dasanbooks.com **블로그** blog.naver.com/dasan_books
종이 스마일몬스터 **인쇄** 상지사피앤비 **제본** 대원바인더리 **후가공** 평창피앤지
ISBN 979-11-306-4969-6 (03680)